AF306569

APRENDE A IDENTIFICAR EL ACOSO MORAL

Las claves para detectarlo y combatirlo en el trabajo

Por Benjamin Fléron
Traducido por Laura Soler Pinson

Coaching **50MINUTOS**.es

EL ACOSO MORAL EN EL TRABAJO

- **¿Problemática?** ¿Cómo reconozco las situaciones de acoso moral en el ámbito profesional? ¿Cómo aprendo a protegerme y a reaccionar de forma eficaz si sucede?
- **¿Utilidad?** El acoso moral es algo habitual en el mundo del trabajo, por lo que resulta útil prevenirlo, identificarlo y encontrar una solución a este tipo de situaciones problemáticas.
- **¿Contexto profesional?** Psicología del trabajo, derecho laboral, recursos humanos.
- **¿Preguntas frecuentes?**
  - ¿Cómo sé con seguridad si soy víctima de acoso?
  - ¿Cómo me protejo y me defiendo en caso de acoso?
  - ¿Qué hago si observo una situación de acoso hacia uno de mis compañeros?
  - ¿Qué hago si un ser cercano, víctima de acoso, se confiesa conmigo?
  - ¿Qué es el *mobbing*?

- ¿El acoso puede ser organizado?
- ¿Qué riesgo corro si denuncio por acoso?
- ¿Y con respecto al acoso sexual?

Los insultos, las burlas, las marginaciones y las humillaciones públicas son comportamientos degradantes y atentados contra la dignidad que podemos imaginar mucho más fácilmente en un patio de recreo que en las oficinas de una empresa. Sin embargo, este es el día a día de un buen número de trabajadores, víctimas de lo que llamamos acoso moral. Ni autónomos ni funcionarios, empleados de bajo rango o altos ejecutivos: nadie puede pensar que está a salvo de este fenómeno que, muy a menudo, tiene consecuencias desastrosas. Pero, ¿realmente no podemos hacer nada?

Es probable que el acoso moral en el ámbito profesional, auténtico problema internacional, no sea un problema que te resulte totalmente desconocido. Quizás simplemente hayas escu-chado hablar de esto en las noticias o durante una conversación, como la mayoría de la gente. Quizás, por el contrario, ya te has visto enfren-tado a esta situación indirectamente a través de un ser cercano o de un compañero que, a su vez, se habría visto implicado en un caso de este tipo. O quizás conoces la situación especialmente bien porque ya la has vivido, o porque en este mismo momento estás atravesando esta dolorosa experiencia.

Independientemente del vínculo que tengas con este triste fenómeno, e incluso si piensas que este no te afecta, es realmente importante que te niegues a banalizarlo y que te prepares para enfrentarte a él. Y es que no importa si eres un empleado o el jefe de una empresa: eres una víctima potencial en más de un aspecto. Si cometes el error de no dar a este problema la importancia que se merece, las repercusiones de esta negligencia podrían llegar a resultar catastróficas, tanto para ti como para tu empresa.

EL ABECÉ DEL ACOSO MORAL

UN PROBLEMA INDIVIDUAL CON REPERCUSIONES GLOBALES

La psiquiatra Marie-France Hirigoyen, auténtica referencia en el tema y autora de muchos libros sobre este asunto, define el acoso moral en el ámbito profesional como «cualquier manifestación de una conducta abusiva, especialmente, los comportamientos, palabras, actos, gestos y escritos que puedan atentar contra la personalidad, dignidad o integridad física o psíquica de un funcionario/a, poniendo en peligro su empleo o degradando el clima laboral» (Farides s.f.).

Así, el acosador tiene a su disposición en su arsenal un número impresionante de armas distintas para atacar a la persona en la que ha puesto la mira y no se priva de hacer un mal uso de cada una de ellas. Frases hirientes, actos humillantes, gestos fuera de lugar, correos electrónicos asesinos: cualquier medio es bueno para provocar que la víctima flaquee, que además no entiende qué le pasa y no sabe cómo gestionar la situación.

De hecho, es obvio que la víctima no está preparada para una avalancha de odio de estas características y, antes de que pueda reaccionar, normalmente ya es demasiado tarde: una vez que entra en la espiral, ya no sabe cómo salir de ella y en vez de sacar la cabeza fuera del agua, se hunde aún más. Las consecuencias son desastrosas tanto en el plano físico como en el emocional: problemas nerviosos, alteraciones del sueño y del apetito, úlceras de estómago, tristeza, ira, sentimiento de impotencia y de inutilidad... Puede llegar incluso hasta problemas psicológicos graves como la depresión, el síndrome de desgaste profesional, la hospitalización, el internamiento psiquiátrico o, en el peor de los casos, el suicidio.

La situación también repercute en la empresa que da trabajo a los dos protagonistas: las bajas por enfermedad que aumentan, los golpes bajos que atrasan la ejecución de un expediente o que directamente impiden que llegue a alguna parte, el ambiente de trabajo que se deteriora a simple vista, el miedo constante en el que vive uno y las constantes artimañas que consumen la energía del otro... Todo esto no contribuye a mejorar la productividad y el rendimiento de la empresa y puede llegar a perjudicar en gran medida su imagen en caso de ruido mediático.

CREENCIAS Y PREJUICIOS

En cuestión de acoso y, en especial, en el caso del acoso laboral, siguen existiendo algunos mitos. No sería demasiado grave si estos tópicos no ayudasen a que muchos acosadores pasen desapercibidos y sigan actuando manteniéndose fuera de toda sospecha.

Todavía hoy en día son muchas las personas que no piensan que son las víctimas de un acosador redomado por la simple (y equivocada) razón de que su verdugo no se corresponde con la imagen mental que tienen de tales individuos. Al seguir este razonamiento falaz, también existen muchas personas que siguen negándose a dar crédito a las afirmaciones de algunas víctimas, que acaban por perder la esperanza de que alguien las crea algún día. Por estas razones, es de vital importancia que sustituyamos los distintos tópicos que todavía circulan acerca de este fenómeno por algunas verdades.

Un acosador no siempre es el superior jerárquico de su víctima

Sin lugar a dudas, se trata de la creencia popular más extendida en lo que respecta al acoso laboral y, por ende, del error que se comete con mayor frecuencia en este tema. Aunque todos tenemos en mente ese cliché del jefe temperamental que grita a su empleado aterrado, lo cierto es que, a veces, la realidad es completamente distinta.

Aunque es una realidad que el fenómeno del acoso laboral se da con más frecuencia en «vertical descendiente» (como en el ejemplo que hemos mencionado arriba), también puede producirse entre simples compañeros de oficina. En ese caso, se habla de acoso «horizontal».

Lo que es más sorprendente todavía y también menos común, pero no por ello menos probado, es que existe también un tipo de acoso llamado «vertical ascendente»: los empleados de un mismo departamento, impotentes ante el despido del superior al que tanto querían, pueden considerar que su sucesor es un advenedizo y subyugarlo.

Aunque el fenómeno del acoso está intrínsecamente relacionado con los juegos de poder y siempre incluye un dominante y un dominado, el hecho de que esta relación de fuerzas tenga un carácter oficial no es una condición *sine qua non*.

Un acosador no siempre es un hombre

Es cierto que esto es lo que ocurre en la mayor parte de los casos de este tipo según los distintos estudios en la materia, pero la mujer también puede ser la culpable del acoso, incluso cuando la víctima es un hombre. Si no es fácil admitir que somos víctimas de acoso y atrevernos a hablar con nuestro entorno, podemos imaginarnos hasta qué punto debe de ser difícil para un hombre admitir que una mujer lo oprime: miedo al ridículo, a que no lo crean, a inspirar pena en sus compañeros masculinos...

Un acosador no es un monstruo intratable

Quizás te digas: «¡Si tuviera alguno alrededor, lo sabría!». O también: «Esta persona me hace la vida imposible, pero si realmente fuera una acosadora, no sería el único que lo pensaría, ni el único en tener problemas con ella».

Aquí llegamos a uno de los nudos del problema: con mucha frecuencia, un acosador no tiene nada de monstruoso, en apariencia. Esto puede parecer paradójico, pero ante el resto del mundo se presenta como un individuo completamente normal. En efecto, su estilo no es atacar indistintamente, sino elegir adecuadamente a una sola víctima entre la multitud, una presa en la que concentrar sus esfuerzos y su malicia.

Además, se afana por actuar con discreción, por desviar las posibles sospechas y, sobre todo, por provocar que su víctima parezca una persona paranoica que imagina que la persiguen. Por mucho que las críticas y los comentarios hirientes sean constantes, nunca se asestan con un tono amenazador o desagradable, sino que se cuelan en la conversación, disfrazados de cumplido o expresados con una sonrisa en la boca, como si no hubiese que tomárselos en serio.

En realidad, y al contrario de lo que uno pueda imaginarse en líneas generales, muchos son los acosadores que parecen amistosos a ojos de aquellos que no sufren sus conductas en el día a día.

Una víctima no es una persona de naturaleza frágil

Solemos tender a imaginarnos a las víctimas de acoso como individuos frágiles por naturaleza, que siempre han conocido situaciones similares: víctimas de abusos durante su etapa escolar, ovejas negras en su familia… Esto es completamente falso. El mito de la pobre víctima, tímida y atemorizada, que casi pondría la otra mejilla, ha sobrevivido a lo largo del tiempo y es hora de derribarlo. Todos somos víctimas en potencia del acoso, independientemente de nuestra personalidad y de nuestro carácter. No importa si somos fuertes, inteligentes o si estamos instruidos: ante todo, somos humanos y todos pasamos por momentos difíciles. Existen situaciones de las que no podemos escapar y que sin lugar a dudas nos debilitan: una ruptura, la pérdida de un ser querido, la enfermedad o, simple y llanamente, la aparición de una situación infrecuente —como la entrada en el mercado laboral, por ejemplo—, que requiere un tiempo de adaptación. Si bajas la guardia tan solo un instante, el agresor en seguida se colará por la rendija y, entonces, se pondrá en marcha la terrible espiral.

«¿SOY VÍCTIMA DE ACOSO?»

Por increíble que parezca, no siempre es sencillo estar seguro al 100 % de que somos víctimas de acoso laboral. ¿Ese compañero que no te aprecia nada y que parece que disfruta enviándote con retraso la información que necesitas obligatoriamente te está acosando? ¿Y qué ocurre con ese jefe de departamento tan exigente que en seguida alza la voz cuando un expediente no se gestiona como él quiere? ¿Y tu jefe, que siempre hace reír a la gente con sus innumerables bromas sobre tus pequeños errores profesionales, es algo más que un bromista con un dudoso sentido del humor?

Obviamente, son habituales las incomprensiones, las tensiones y las enemistades abiertas en el microcosmos de la oficina. Por ende, a veces es difícil ver la situación con perspectiva entre los comportamientos que simplemente sacan a la luz una incompatibilidad de caracteres y las conductas que tienen más que ver con el acoso moral y psicológico. Por suerte, existen señales que no mienten y que encontramos casi seguro en la mayoría de casos de acoso. Estas se convertirán casi en indicios reveladores que habrá dejado el culpable, lo que te ayudará a determinar con seguridad si eres presa de un acosador.

Las conductas se repiten y perduran en el tiempo

Desgraciadamente, en el mundo laboral son habituales las discusiones acaloradas, las afirmaciones hirientes, los rumores perniciosos y los pequeños golpes bajos, sobre todo si el sector en el que trabajas tiene una gran competencia y anima a la competitividad entre compañeros.

- Tu jefe, que excepcionalmente está de mal humor, alza la voz y pone en entredicho la calidad de tu trabajo cuando tú consideras que no tienes nada que reprocharte.
- Un compañero, presa de problemas personales pasajeros y generalmente afable y cálido, de repente se muestra distante y te responde de una manera seca cuando te diriges a él.
- Otro compañero, que por lo general es bueno, pero que quiere dar buena impresión con vistas a un ascenso, no duda en informar del más mínimo de tus errores a tu superior jerárquico.

Por muy desagradables que sean estas distintas situaciones, son inherentes a la vida de la empresa y no pueden catalogarse como acoso si son ocasionales. Para que se produzca un acoso, tiene que existir necesariamente una repetición de los ataques en el tiempo y que el autor de los hechos los cometa con regularidad, durante varios meses.

Los ataques son personales, individualizados y gratuitos

Tu acosador no tiene nada en contra de tu trabajo, sino más bien en contra de lo que conforma tu personalidad. Por ello, muy a menudo, las maldades que te dirige o los ataques que lanza constantemente contra ti no tienen nada que ver con la calidad de tu trabajo, sino que van directamente dirigidas contra tu persona: broma sobre tu físico, sarcasmos sobre tu dicción o tu acento, chistes racistas o sexistas, imitaciones paródicas degradantes, mofas sobre tu vida privada... Todo puede ser denigrado, dado que el acosador no se limita a un solo punto de ataque.

El acosador busca aislarte físicamente y/o psicológicamente

La mayoría de los acosadores destacan en este arte, que pueden ejercer de varias maneras diferentes. Así, algunos se muestran particularmente hábiles cuando se trata de difundir rumores sin parecer que están implicados, incluso cuando están en la raíz de los mismos. Con el tiempo y con insistencia, estas calumnias se convierten en falsas verdades de las que ya nadie se plantea si son reales. No hace falta más para que la víctima de estas maledicencias se vea apartada por sus compañeros, que ya no confían en ella y que prefieren alinearse junto al culpable.

Y es que el acosador mantiene el autocontrol en cualquier circunstancia mientras que, con el reguero de indirectas, va llevando al límite a su víctima con paso seguro. Así, despierta la simpatía de las personas externas a la situación, que no notan el trabajo de destrucción que lleva a cabo, pero que no pueden obviar las reacciones bruscas de su víctima.

Esta última, aislada, sin apoyo y convencida de haber sido abandonada, es mucho más vulnerable y mucho más sensible a los ataques. Si por desgracia el acosador también es el superior jerárquico de su presa y tiene los medios y el poder, también puede intentar separarla «físicamente» del resto de compañeros confiándole, por ejemplo, únicamente tareas que requieren su presencia en otra parte, lejos de sus iguales, o dándole un nuevo espacio de trabajo totalmente aislado.

El acosador intenta impedir que su víctima cumpla con su trabajo

Lejos de contentarse con rebajar continuamente a su víctima, el acosador también se empeña en impedir que lleve a cabo su tarea correctamente.

Las técnicas que pone en marcha para ello son tan numerosas como variadas, y dependen entre otras cosas de las relaciones de poder que comparte con esta.

- Si se trata de su superior jerárquico, es muy probable que le encargue una tarea con unos límites mal definidos, para la que multiplicará órdenes e instrucciones contradictorias.
- También puede confiar a su subordinado tareas para las que no está suficientemente cualificada o, por el contrario, encargos poco gloriosos y degradantes si se tienen en cuenta sus cualificaciones y su nivel de estudios: por ejemplo, a una persona con muchos títulos se le pedirá que prepare el café o se le ordenará que clasifique archivos sin importancia, mientras que un joven trabajador sin formación o experiencia será el encargado de llevar expedientes extremadamente complejos que requieran un alto grado de especialización.
- El acosador también puede proceder optando por guardar para sí información capital para la buena ejecución de una tarea, comunicándola solo parcialmente o, incluso, en el último momento, con el objetivo de causar problemas

a su víctima o de poder reprenderla por el retraso que lleva.

SITUACIONES DE ACOSO: EN RESUMEN

- Repetición de los ataques en el tiempo.
- Ataques contra la persona, más que críticas constructivas sobre el trabajo realizado.
- Ataques contra una sola persona, que se encuentra aislada.
- Ataques destinados a sabotear el trabajo de la víctima.

EMPLEADORES: MÁS VALE PREVENIR QUE CURAR

El que este refrán sea más viejo que la sarna no quiere decir que no se pueda aplicar a la perfección en la actualidad. En efecto, sin siquiera hablar de los casos de acoso moral en el trabajo que podrían haberse prevenido o frenado previamente, un gran número podrían haber sido resueltos antes de que la situación empeorase si los empleadores hubiesen mostrado más responsabilidad y más interés por este fenómeno.

En efecto, podemos protegernos contra un buen número de malos comportamientos actuando de una manera proactiva y llevando a cabo algunos gestos firmes como medida de anticipación. Puedes evitar la mayor parte de los escollos habituales en el campo del acoso en el ámbito laboral aplicando simplemente algunos principios fundamentales que describimos a continuación.

Condiciones de trabajo decentes y justas

Una iluminación defectuosa, unos radiadores averiados, muros deteriorados, ordenadores antiguos en cantidad insuficiente… Todos estos incumplimientos de material básicos pueden influir en el humor de tus empleados y crear un ambiente de trabajo pernicioso. En efecto, si estos consideran que no reman en el mismo barco y que algunos disfrutan de mejores condiciones de trabajo que otros, puede instalarse un gran sentimiento de injusticia entre tus empleados y llevar a problemas relacionales graves entre compañeros, problemas que pueden conducir a su vez a situaciones de acoso.

Una buena transmisión de la información

Para evitar que aumenten las incomprensiones y los malentendidos entre tus empleados, es vital que la información no solo sea clara y precisa, sino que también se transmita correctamente y que llegue a la vez a todo tu personal. Con frecuencia, unas órdenes vagas y escuetas llevan a interpretaciones diferentes y contradictorias, y a tensiones inútiles. Por lo tanto, intenta garantizar una transparencia absoluta de la información y una perfecta fluidez de su transmisión.

Un reparto justo de las tareas

Intenta no sobrecargar a alguno de tus empleados mientras que otros se encuentran sin quehaceres. Esto tendría efectos nefastos en el ánimo de todo el mundo. Mientras que los primeros tendrían la desagradable impresión de ser los que pagan los platos rotos y, sin duda, albergarían un gran resentimiento hacia sus compañeros que no hacen su parte del trabajo, los segundos se sentirían totalmente inútiles en el mejor de los casos y muy menospreciados en el peor de ellos. Es vital que cada empleado lleve a cabo su justa cantidad de trabajo y que las tareas que se le confíen correspondan no solo a sus competencias, sino que también entren en sus atribuciones.

Un ambiente de trabajo sereno

Si es realmente necesario que reprendas con dureza a uno de tus empleados y que, al mismo tiempo, quieras felicitar calurosamente a uno de sus compañeros directos por la calidad de su trabajo, ten la agilidad mental de reunirte por separado con cada protagonista en vez de realizar una demostración pública. Siguiendo esa misma lógica, evita al máximo distribuir primas por rendimiento y sucumbir a la tentación del «mejor empleado del mes». Este tipo de acciones solo despertarán los celos entre compañeros. No olvides que tus empleados no tienen que ser rivales, sino miembros de un mismo equipo.

ACCIONES DEL EMPLEADOR: EN RESUMEN

- Garantiza condiciones de trabajo decentes y justas.
- Intenta que la información se transmita correctamente.

- Garantiza un justo reparto de las tareas.
- No animes a la competitividad entre compañeros.

«¡SOY VÍCTIMA DE ACOSO LABORAL! ¿CÓMO SALGO DE ELLO?»

¿Te has tomado un tiempo para analizar tranquilamente los hechos y has llegado a la terrible conclusión de que, efectivamente, eres víctima de un acosador laboral? Mantén la calma, tu situación tiene vuelta atrás. Aunque siempre tienes la posibilidad de huir de tu acosador, existen otros medios mucho menos extremos para salir de ello. Antes de cometer lo irremediable, lo que deja a tu acusador impune y libre para que vuelva a empezar con la próxima persona de su elección, tómate un tiempo para considerar cada una de estas soluciones.

Confiarse a alguien

Muchas víctimas de acoso no se atreven a hablar y dejan que la situación se deteriore hasta que no hay vuelta atrás. ¡No formes parte de este grupo!

Tal y como hemos visto, los acosadores saben cómo aislar a sus presas y convencerlas de que están solas y abandonadas por todos y que, por consiguiente, no pueden esperar recibir ayuda. Evidentemente, esto les interesa: la soledad nos vuelve frágiles y vulnerables, mientras que el apoyo y la escucha refuerzan. Algunos acosadores son tan retorcidos que incluso logran que surjan dudas en la mente de sus víctimas sobre la legitimidad de sus conductas. «¿No me lo merezco? Además, ¿esto es realmente acoso? ¿No estaré exagerando la situación?». Si te estás planteando este tipo de preguntas, tienes que hablar a tu entorno. Al contrario de lo que quizás creas, no estás solo.

CONFIARME, PERO ¿A QUIÉN?

Cuenta con el apoyo de tus seres cercanos, pero sobre todo háblalo con discreción con el responsable de recursos humanos de tu empresa y con el médico del trabajo. Estas personas podrán entender tu sufrimiento, orientarte hacia una solución y respaldarte en los pasos que sigas.

Acumular las pruebas materiales

No siempre resulta fácil demostrar el acoso y (demasiado) a menudo, se resume a la palabra de uno contra otro. Aunque eventualmente el apoyo y los testimonios de tus compañeros pueden ayudarte a demostrar la veracidad de tus afirmaciones, sería arriesgado contar solo con ello, ya que estos pueden temer por su puesto y optar por callarse o, incluso, pueden haberse dejado seducir por tu acosador hasta el punto de darle una credibilidad mayor a él que a ti. También puede ocurrir que ni siquiera se hayan dado cuenta del drama que estaba ocurriendo ante sus ojos.

Por lo tanto, lo mejor que puedes hacer es acumular el mayor número de pruebas materiales posibles y conservarlas como oro en paño con vistas a un enfrentamiento futuro. Correos electrónicos insultantes, mensajes de móvil ofensivos, notas contradictorias, órdenes vagas y ambiguas, información enviada en el último minuto y críticas sobre tu lentitud inmediatamente después... ¡No dejes pasar nada, guárdalo todo! Si puedes, intenta llevar también un diario en el que escribirás cuando estés en casa y que conservarás fuera del alcance de todo el mundo. En él, indicarás cuidadosamente la mínima conducta desubicada y la mínima afirmación degradante.

Mantener la sangre fría

Cuando el acosador te hace la vida imposible, está buscando sacarte de tus casillas. No le des el gusto y actúa con indiferencia ante sus ataques. De cara a la galería, no deben afectarte, sino que tienen que resbalar sobre ti como si no tuvieran la más mínima importancia. Por ejemplo, utiliza el humor para responder a sus comentarios desagradables. No olvides nunca que un acosador siempre necesita una víctima para existir, y que no hay víctima sin agresión. Al negarte a considerar sus comentarios y burlas como ataques personales, estás rechazando el papel de víctima y, a la vez, lo privas de cualquier influencia sobre ti.

Además, no pierdas de vista que él siempre está del mismo humor y nunca eleva el tono de voz. Al disfrazar los comentarios degradantes y las afirmaciones insultantes con un tono de broma, no llama la atención y pasa tranquilamente por una persona normal. Responde con el mismo tono alegre o explícale tranquilamente, pero con dureza, que está sobrepasando tus límites y que no estás dispuesto a dejar que lo haga. Si no te muestras igual de imperturbable que él y reaccionas con vehemencia ante la menor de sus afirmaciones, el acosador en seguida utilizará la carta del malentendido y hará que el resto no quiera frecuentarte y te vea como un individuo paranoico y excesivamente desconfiado. Niégate a ponerte en el papel del malo de la película y a cavarte tu propia tumba: mantén la sangre fría.

Enfrentarse al acosador

Antes de multiplicar tus bajas por enfermedad o de pensar en renunciar a tu puesto para no tener que sufrir más los ataques constantes de tu acosador, intenta enfrentarte a él y llegar a un posible acuerdo. Saca el tema en presencia del consejero en prevención de tu empresa y aprovecha para aclarar la situación. Muéstrale que no estás dispuesto a dejarte llevar y que estás preparado para hacer que tus derechos se respeten, hasta llegar a los tribunales si fuera necesario. Quizás esto lo fuerce a corregir su conducta hacia ti.

- Habla a tu entorno.
- Acumula y guarda el mayor número posible de pruebas materiales.
- Actúa con indiferencia ante sus ataques.
- Enfréntate al acosador y amenázalo con denunciarlo.

LOS MEJORES CONSEJOS

- ¡Sé proactivo! No esperes a encontrarte en una situación de acoso para actuar o reaccionar y protégete todo lo que puedas. Identifica los distintos incumplimientos de tu empresa en relación al acoso, ya sean de orden estructural (problemas de infraestructuras o de material, mala transmisión de la información, reparto desigual de las tareas, etc.) o humano (falta de prevención, mal ambiente, clima competitivo, etc.) y comunícalo a tu entorno, o toma las medidas necesarias si tienes ese poder.
- ¡Trabaja tu autoestima! De la misma manera que los tiburones huelen el rastro de sangre, los acosadores identifican fácilmente las fallas internas y saben golpear donde hace daño. No olvides que nadie es perfecto y que nadie es un inútil. Reconoce tus cualidades y aprende a aceptar tus defectos. De esta manera, no ofrecerás a los posibles acosadores ningún clavo al que puedan aferrarse.
- ¡Rechaza el estatus de víctima! No entres en el juego del acosador asumiendo el papel del

dominado. Demuestra firmeza y fija límites claros con respecto a lo que estás dispuesto a aceptar y no dejes que nadie los transgreda impunemente. Toma conciencia de tus derechos como trabajador y no dudes en hacerlos valer en caso necesario.

- No pierdas de vista la misión para la que has sido contratado y no dudes en pedir a tu superior que la aclare si hace falta. Esto te ayudará a determinar lo que entra en tus atribuciones y lo que está dentro de tus competencias, y lo que no es de tu incumbencia. Una vez que tu papel esté claramente definido, será más difícil que te confíen tareas que no son de tu ámbito y para las que no estás cualificado.

- ¡Exprésate! El silencio es el mejor amigo del acosador, así que cuenta lo que te está haciendo vivir. Simplemente, sin caer en la exageración, comenta en voz alta cada una de sus afirmaciones fuera de lugar. Puesto que hace comentarios constantemente para convencer a tu entorno de que tiene razón mediante engaños, actúa siguiendo el mismo principio: cada vez que la toma contigo, comenta en tu entorno simplemente y en tono de broma, por ejemplo, que parece que está resentido contigo. Esta idea se fraguará un camino en la mente de tus compañeros, que acabarán por identificar por sí solos sus conductas extrañas. Para acabar, si no te atreves a hablar abiertamente o si crees que tu entorno está contra ti y que nadie te creerá, compartir tus sufrimientos desde el anonimato en internet puede ser una solución. En seguida te darás cuenta de que no estás solo y de que otros atraviesan el mismo calvario que tú. Esto te ayudará a comprender que tienes todo el derecho a comunicar a un tercero tu situación, en la que eres la víctima, no el culpable.

PREGUNTAS FRECUENTES

¿CÓMO SÉ CON SEGURIDAD SI SOY VÍCTIMA DE ACOSO?

Aunque no siempre resulta fácil saber si somos el blanco de un acosador, existen señales que se repiten en la mayoría de las situaciones de este tipo y que pueden ayudarnos a arrojar un poco de luz. En líneas generales, se habla de acoso cuando:

- se repiten los hechos (al menos una vez por semana) en el tiempo (durante varios meses);
- se producen ataques personales e individualizados, sin vínculo con el trabajo, como burlas sobre el físico, la inteligencia o la personalidad, imitaciones degradantes, difusión de rumores sobre la vida privada, etc.;
- se impide premeditadamente que la víctima lleve a cabo su trabajo correctamente, mediante una presión exagerada impuesta, un material defectuoso que se ha atribuido

injustamente, unas órdenes confusas o contradictorias, la retención de información, la asignación de tareas incoherentes o para las que la víctima está demasiado cualificada o no lo suficiente, etc.;

- se produce un aislamiento y se aparta al acosado (invención de rumores cuyo objetivo es relegar al ostracismo, acusaciones de paranoia y de reacciones exageradas en caso de respuesta vehemente ante las conductas, atribución de tareas que deben realizarse en solitario o de un espacio de trabajo aislado).

¿CÓMO ME PROTEJO Y ME DEFIENDO EN CASO DE ACOSO?

- Reafírmate: desarrolla tu autoestima, toma conciencia de tus cualidades y acepta tus defectos. Conoce tus derechos y no dudes en hacerlos valer.
- Confíate a alguien: a tu familia, al consejero de prevención, al responsable de recursos humanos o incluso al médico del trabajo.
- Mantén tu sangre fría: no te alteres y muéstrate impasible. No reacciones como víctima para arrebatarle al acosador su poder.

- Acumula pruebas: conserva correos electrónicos, mensajes de móvil, notas o apuntes que puedan demostrar que existe ese acoso. Lleva un diario con las conductas del acosador por si se produjera un enfrentamiento en los tribunales.
- Enfréntate al acosador en presencia del consejero de prevención: habla sobre su comportamiento y busca soluciones amistosas al problema. Pon una denuncia ante los tribunales si no cambia nada.

¿QUÉ HAGO SI OBSERVO UNA SITUACIÓN DE ACOSO HACIA UNO DE MIS COMPAÑEROS?

Si crees que estás siendo testigo de un acoso hacia un compañero, existen varias cosas que puedes hacer, sin que parezca por ello que te estás inmiscuyendo en asuntos ajenos.

- No facilites el trabajo del acosador: con calma, cuestiona sus calumnias y refuta toda alegación falaz, incluso aunque la opinión general se haya unido a su causa.
- Recalca objetivamente cualquier actitud desu-

bicada y cualquier conducta que tenga que ver con el acoso: órdenes contradictorias, normas poco claras, reparto irracional de las tareas, etc.

- Informa de la situación al consejero de prevención o al responsable de recursos humanos si la situación parece degenerar realmente.

¿QUÉ HAGO SI UN SER CERCANO, VÍCTIMA DE ACOSO, SE CONFIESA CONMIGO?

En este caso, lo mejor es apoyar a la víctima: escucharla, creerla, aconsejarla, informarla de sus derechos, ayudarla a adoptar los gestos correctos y acompañarla en los pasos que dé.

¿QUÉ ES EL *MOBBING*?

Viene del inglés *to mob*, que podríamos traducir por «acosar» o «atacar». El *mobbing* no es más que la versión inglesa del acoso moral. Algunos también utilizan este término para definir el acoso llamado «de grupo», cuando varios individuos se alían contra uno solo.

¿EL ACOSO PUEDE SER ORGANIZADO?

Desgraciadamente, puede pasar que el acoso esté organizado por la propia empresa. Al empujar a uno o a varios empleados a renunciar a su puesto, se asegura que no tenga que pagarles una indemnización por despido y, además, no empaña su imagen de marca con una ola de despidos abusivos.

¿QUÉ RIESGO CORRO SI DENUNCIO POR ACOSO?

En algunos países, como Bélgica o Francia, el demandante está protegido y ya no puede ser despedido en cuanto se presenta y se registra la denuncia por acoso. Sus condiciones de trabajo tampoco pueden modificarse sin que él haya dado su acuerdo previamente. Por consiguiente, no existe riesgo alguno de que lo echen o de verse limitado de repente a las tareas más ingratas como represalia.

¿Y CON RESPECTO AL ACOSO SEXUAL?

En Bélgica, la cuestión del acoso sexual en el trabajo sigue siendo un tema de debate. Mientras que en Francia un individuo que denuncia acoso sexual está protegido de todo despido, en Bélgica solo ocurre lo mismo si evoca la ley sobre el bienestar y no el código penal, que sin embargo prevé sanciones más graves. Por lo tanto, es la víctima la que tiene la responsabilidad de decidir si está dispuesta a correr el riesgo.

En Francia, desde el 6 de agosto de 2012 existe una nueva ley destinada a arrojar luz sobre el delito de acoso sexual. Hoy en día, con ese término se hace referencia «al hecho de imponer a una persona repetidamente afirmaciones o comportamientos con connotaciones sexuales que atentan contra su dignidad por su carácter degradante o humillante, o crean para ella una situación intimidante, hostil u ofensiva»[1]. Un individuo juzgado como culpable de acoso sexual puede recibir una condena de dos años de cárcel y

---

1. Cita traducida por 50Minutos.es

30 000 € de multa, penas que pueden agravarse si el culpable ha abusado de alguna autoridad que le dan sus funciones. Además, el código laboral obliga a todo empleador a presentar en sus locales el artículo del código penal relativo al acoso sexual.

¡AHORA ES TU TURNO!

MEJORAR EL ENTORNO

¿Diriges una empresa y te gustaría asegurarte de que tus locales no ofrecen un terreno abonado para que se desarrollen situaciones de acoso? Ayúdate de lo que acabas de aprender para elaborar una lista en la que incluyas los elementos en los que hay que fijar la atención previamente para poder actuar a continuación con determinación. De esta manera, pondrás toda la suerte de tu lado.

OBSERVACIONES		ACCIONES
Radiadores/aires acondicionados en buen estado	Sí/No	
Material de oficina adaptado y suficiente	Sí/No	
Material de oficina repartido justamente	Sí/No	
Clima de trabajo no competitivo	Sí/No	
Existencia de canales de transmisión de la información	Sí/No	
Diálogo favorecido dentro de la empresa	Sí/No	
Actividades de creación de equipos	Sí/No	
Órdenes claras con respecto a las tareas de cada uno	Sí/No	
Tareas atribuidas de forma justa	Sí/No	
Feedback personal y regular	Sí/No	
...	...	

IDENTIFICAR EL ACOSO

¿Eres presa de la duda? ¿Te sientes indeciso con respecto a una relación y no sabes si habría que hablar de acoso o no? Te presentamos un método fácil: aplica a la situación equívoca una tabla de lectura inspirada en los conocimientos que acabas de adquirir y saca tus propias conclusiones.

Si hay acoso, los hechos/actos:	¿Observación?
se repiten y perduran en el tiempo	Sí/No
se dirigen a menudo contra la misma persona	Sí/No
aíslan física y/o psicológicamente	Sí/No
tienen como objetivo humillar personalmente	Sí/No
no se dedican a criticar el trabajo constructivamente, sino a desvalorizar la personalidad	Sí/No
ralentizan y/o estorban el trabajo	Sí/No
son obra de un individuo que, además, es apreciado en la empresa	Sí/No
...	...

ACTUAR CONTRA EL ACOSO

¿La conclusión es inequívoca y no deja lugar a dudas? ¿Es una situación de acoso moral? Establece un plan de acción en varias etapas siguiendo «los mejores consejos» que hemos presentado más arriba. De esta manera, te asegurarás de que pones toda la suerte de tu lado (o del de la víctima, si tan solo eres un testigo de la situación) y de que no estás de acuerdo inconscientemente con el acosador.

¡Tu opinión nos interesa!
¡Deja un comentario en la página web de tu librería en línea,
y comparte tus favoritos en las redes sociales!

PARA IR MÁS ALLÁ

FUENTES BIBLIOGRÁFICAS

- Farides Espinosa, Iza. s.f. "Violencia laboral y acoso moral. Aproximaciones a la violencia femenina". *Vulnerabilidad y desigualdad social en México*. s.l.: Eumed.net.

- Gava, Marie-Josée. 2007. *Harcèlement moral: comment s'en sortir?* París: Prat.

- Hirigoyen, Marie-France. 1998. *Le harcèlement moral: la violence perverse au quotidien*. París: La Découverte.

- Centrale nationale des employés. 2002. *Le harcèlement moral au travail: nouveau terrain d'action syndicale*. Bruselas: Centrale nationale des employés.

- Confédération des syndicats chrétiens. 2006. *On ne joue pas avec le harcèlement!* Bruselas: Confédération des syndicats chrétiens.

- Legifrance. 2012. "LOI n.º 2012-954 du 6 août 2012 relative au harcèlement sexuel". *Legifrance*. 6 de agosto. Consultado el 12 de septiembre de 2017. https://www.legifrance.gouv.fr/affichTexte.do?cidTexte=JORFTEXT000026263463&categorieLien=id

- Rulkin, Dominique. s.f. "Harcèlement moral au travail". *Le Psychologue*. Consultado el 12 de septiembre de 2017. https://www.lepsychologue.be/articles/harcelement-moral.php

- Staquet, Pascal. 2002. "Loi relative au harcèlement: entrée en vigueur le 1er juillet 2002". *Droit Belge*. 28 de junio. Consultado el 12 de septiembre de 2017. http://www.droitbelge.be/news_detail.asp?id=73

50MINUTOS.es
Historia
Economía y empresa
Coaching
Book Review
Salud y bienestar
Arte y literatura
EL DIAGRAMA DE ISHIKAWA
Material Método Máquina
Madre Naturaleza Medida Hombres
LA GUERRA DE PALESTINA DE 1948
DOMINA EL ARTE DEL NETWORKING
¡APRENDER NUNCA ANTES FUE TAN RÁPIDO!
www.50minutos.es

www.50Minutos.es

ISBN ebook: 9782808003391

ISBN papel: 9782808003407

Depósito legal: D/2017/12603/700

Libro realizado por Primento, el socio digital de los editores